안녕하세요. 쿵야 레스토랑즈입니다.

저희 쿵야 레스토랑은 사람들의 건강(health)과 행복(happy)을 위해
건강한 재료(fresh)로 다양한 요리를 선보이는(look)
정통 럭셔리 퓨전 레스토랑입니다.

사장님 양파쿵야
(CEO)
경영 및 주방 총괄, 셰프 겸직,
쿵야 레스토랑 총지배인

알바생 주먹밥쿵야
주방보조, 서빙, 청소, 오픈 및 마감, 재무보조, 인사보조,
회계보조, 사장님 멘탈 케어, 매니저님 수발 들기

매니저 샐러리쿵야
재무, 회계, 인사담당

매니저 무시쿵야
재료 공수, 농사, 유통관리

MENU

4 페이퍼 토이

15 코디 스퀴시

25 레스토랑 스퀴시북

35 주방 스퀴시북

45 집 스퀴시북

55 히든 메뉴 스퀴시

페이퍼 토이 만드는 방법

❶ 쿵야 레스토랑즈 페이퍼 토이 도안 4종에는 모두 칼선이 있어요. 도면을 깔끔하게 뜯어주세요.

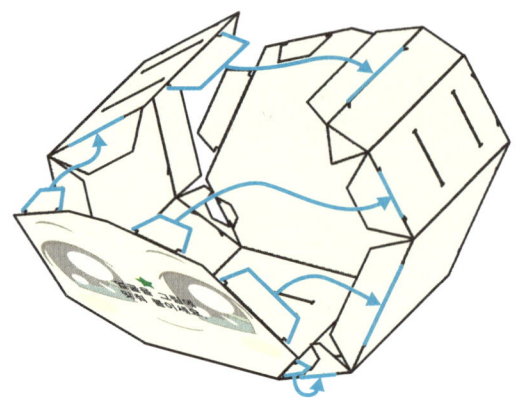

❷ 머리 도안의 점선을 따라 접은 뒤, 고리를 홈에 끼워주세요. *안으로 접기 - - - - -

❸ 얼굴 도안 풀칠면에 풀을 칠하고 완성된 머리 도안에 맞닿게 붙여주세요.

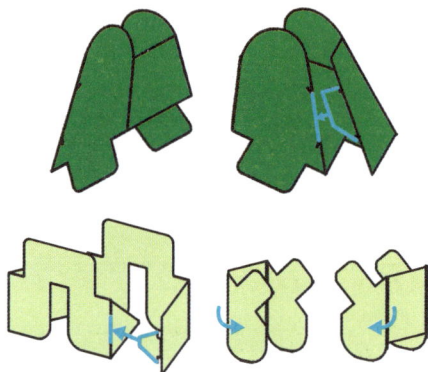

❹ 팔, 다리 등 나머지 부분을 점선을 따라 접은 뒤, 고리를 홈에 끼워주세요.

완성! 완성된 머리에 팔, 다리 등 나머지 부분을 끼워주세요.

주먹밥쿵야 페이퍼 토이 코팅 X

▼ 머리

얼굴을 그림에 맞춰 붙이세요.

다리 ▶

◀ 팔 ▶

◀ 얼굴

▼ 얼굴

샌리오캐릭터즈 페이퍼 하우스 / 코팅 X

무시쿵야 페이퍼 토이 코팅 X

▼ 얼굴

▼ 머리

◀ 머리 장식

◀ 팔 ▶

▼ 다리

준비물

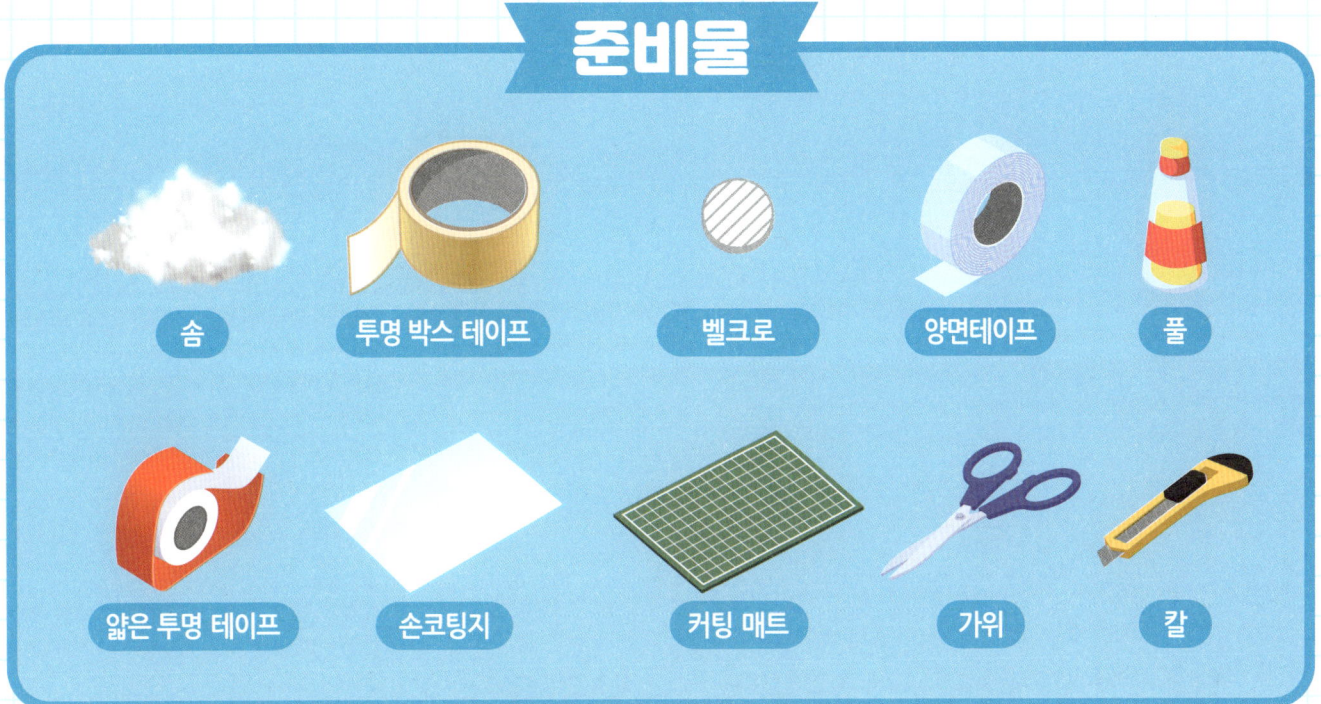

- 솜
- 투명 박스 테이프
- 벨크로
- 양면테이프
- 풀
- 얇은 투명 테이프
- 손코팅지
- 커팅 매트
- 가위
- 칼

도안 기호

- ——— **자르는 선** : 가위 혹은 칼로 잘라요.
- **안으로 접는 선** : 선이 안쪽으로 보이게 접어요.
- **밖으로 접는 선** : 선이 바깥쪽으로 보이게 접어요.
- **붙이는 면** : 같은 색의 별끼리 마주보게 붙여요.
- **양면테이프 면** : 뗐다 붙일수 있도록 양면 테이프를 사용 해 주세요.
- **솜** : 솜이 들어가는 부분이에요.
- **코팅 X** : 코팅을 하면 만들기 어려워요.
- **단면 코팅** : 앞면만 손코팅지 혹은 투명 박스테이프로 코팅 해주세요.
- **양면 코팅** : 앞면과 뒷면 모두 손코팅지 혹은 투명 박스테이프로 코팅 해주세요.

스퀴시 만드는 방법

모든 스퀴시 도안은 아래의 방법으로 만들어 주세요.

A앞면
A뒷면

❶ 각 도안 페이지의 지시문에 맞게 도안을 코팅한 뒤, 가위로 오려 주세요.

❷ 같은 알파벳 표시가 있는 면끼리 맞닿도록 놓아 주세요. 또는 점선을 따라 접어 주세요.

솜 넣을 구멍

❸ 겹친 도안의 테두리를 따라 얇은 투명 테이프를 붙여요. 모서리는 가위집을 넣어 곡선에 맞게 하나씩 접어 가면서 붙여요. 이때 솜 넣을 구멍은 남겨 주세요!

❹ 솜 구멍에 솜을 넣고 솜이 바깥으로 튀어나오지 않게 잘 정리한 뒤에 투명 테이프로 솜 구멍을 막아 스퀴시를 완성하세요.

코디 스퀴시

만드는 방법

❶ 각 도안 페이지의 지시문에 맞게 도안을 코팅한 뒤, 가위로 오려 주세요.

❷ 캐릭터 도안을 <스퀴시 만드는 방법>으로 스퀴시를 만들어 주세요.

❸ 떼었다 붙였다 하는 소품 뒷면에 양면테이프를 붙여요.

완성! 코디 캐릭터 스퀴시북 소품들로 꾸며주세요.

양파쿵야 코디 스퀴시

투명 박스 테이프 / 양면

투명 박스 테이프 / 단면

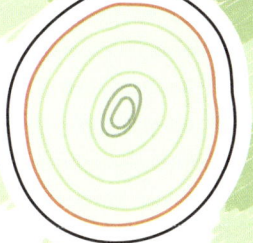

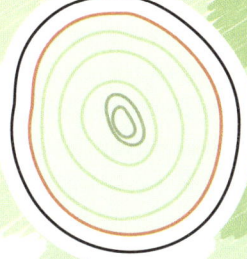

주먹밥쿵야 코디 스퀴시

투명 박스 테이프 / 양면

투명 박스 테이프 / 단면

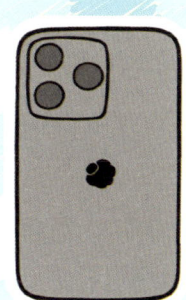

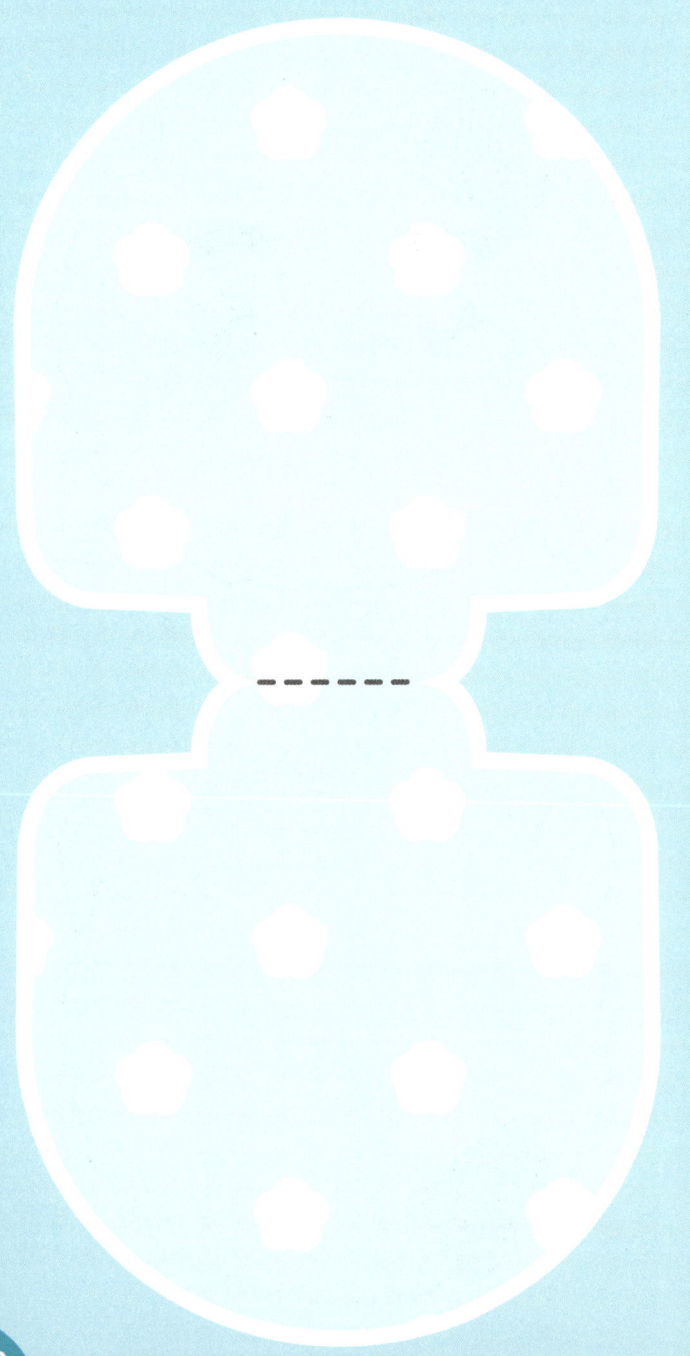

샐러리쿵야 코디 스퀴시

투명 박스 테이프 / 양면

부딪히지 마라 **덥 다**

투명 박스 테이프 / 단면

21

무시쿵야 코디 스퀴시

투명 박스 테이프 / 양면

투명 박스 테이프 / 단면

레스토랑 스퀴시북

어서 오세요 쿵야 레스토랑입니다.

만드는 방법

❶ 각 도안 페이지의 지시문에 맞게 도안을 코팅한 뒤, 가위로 오려 주세요.

❷ 잠금 도안을 책 도안 2 뒷면의 별표에 맞춰 놓고 붙여요. 앞면도 테이프를 붙여 고정해요.

❸ 책 도안과 캐릭터 도안을 〈스퀴시 만드는 방법〉으로 스퀴시를 만들어 주세요.

❹ 책 스퀴시 2개 사이에 옆면 도안을 놓고, 약간의 여백을 주고 테이프로 연결해요. 책 겉에도 테이프를 붙여 더 튼튼하게 만들어요.

❺ 잠금도안과 책 겉면의 〈벨크로〉표시에 벨크로나 양면테이프를 붙여 열고 닫을 수 있도록 만들어요.

❻ 떼었다 붙였다 하는 소품 뒷면에 양면테이프를 붙여요.

완성! 레스토랑 스퀴시북에 소품들을 정리해요.

레스토랑 외부 스퀴시 손 코팅지 / 단면

▼ 책 도안 1

▼ 책 도안 2

A

B

레스토랑 내부 스퀴시

손 코팅지 / 단면

▼ 책 도안 3

▼ 책 도안 4

레스토랑 소품 　투명 박스 테이프 / 양면

▼ 잠금 도안

▼ 옆면 도안

주방 스쿼시북

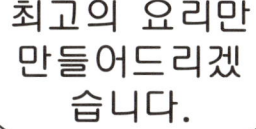

최고의 요리만 만들어드리겠습니다.

만드는 방법

❶ 각 도안 페이지의 지시문에 맞게 도안을 코팅한 뒤, 가위로 오려 주세요.

❷ 잠금 도안을 책 도안 2 뒷면의 별표에 맞춰 놓고 붙여요. 앞면도 테이프를 붙여 고정해요.

❸ 책 도안과 캐릭터 도안을 〈스퀴시 만드는 방법〉으로 스퀴시를 만들어 주세요.

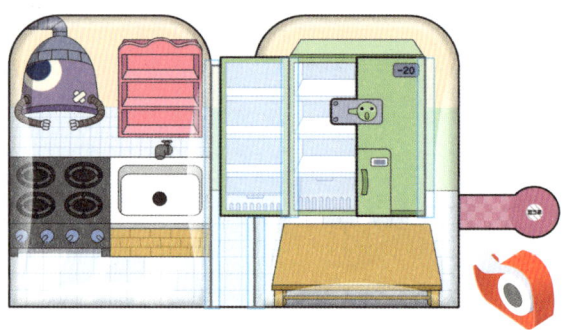

❹ 책 스퀴시 2개 사이에 옆면 도안을 놓고, 약간의 여백을 주고 테이프로 연결해요. 책 겉에도 테이프를 붙여 더 튼튼하게 만들어요. 냉장고 문을 그림과 같이 테이프로 연결해요.

❺ 잠금도안과 책 겉면의 〈벨크로〉표시에 벨크로나 양면테이프를 붙여 열고 닫을 수 있도록 만들어요.

❻ 떼었다 붙였다 하는 소품 뒷면에 양면테이프를 붙여요.

완성! 주방 스퀴시북에 소품들을 정리해요.

주방 외부 스퀴시 손 코팅지 / 단면

▼ 책 도안 1

▼ 책 도안 2

주방 내부 스퀴시 〔손 코팅지 / 단면〕

▼ 책 도안 3

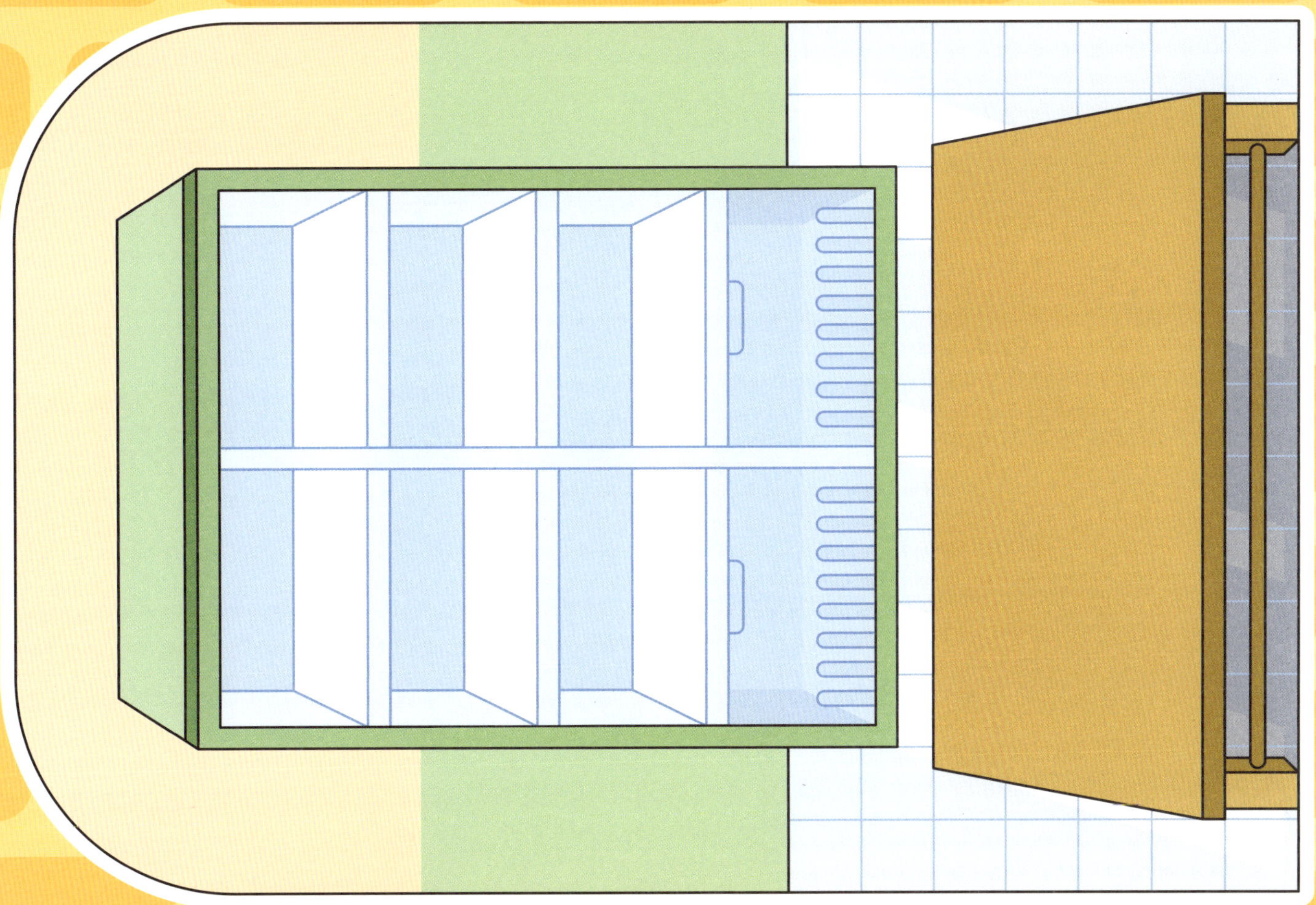

▼ 책 도안 4

40

주방 캐릭터 스퀴시 — 투명 박스 테이프 / 단면

만드는 방법

❶ 각 도안 페이지의 지시문에 맞게 도안을 코팅한 뒤, 가위로 오려 주세요.

❷ 잠금 도안을 책 도안 2 뒷면의 별표에 맞춰 놓고 붙여요. 앞면도 테이프를 붙여 고정해요.

❸ 책 도안과 캐릭터 도안을 〈스퀴시 만드는 방법〉으로 스퀴시를 만들어 주세요.

❹ 책 스퀴시 2개 사이에 옆면 도안을 놓고, 약간의 여백을 주고 테이프로 연결해요. 책 겉에도 테이프를 붙여 더 튼튼하게 만들어요.

❺ 잠금도안과 책 겉면의 〈벨크로〉표시에 벨크로나 양면테이프를 붙여 열고 닫을 수 있도록 만들어요.

❻ 떼었다 붙였다 하는 소품 뒷면에 양면테이프를 붙여요.

완성! 집 스퀴시북에 소품들을 정리해요.

집 외부 스퀴시 | 손 코팅지 / 단면

▼ 책 도안 1

▼ 책 도안 2

집 내부 스퀴시

손 코팅지 / 단면

▼ 책 도안 3

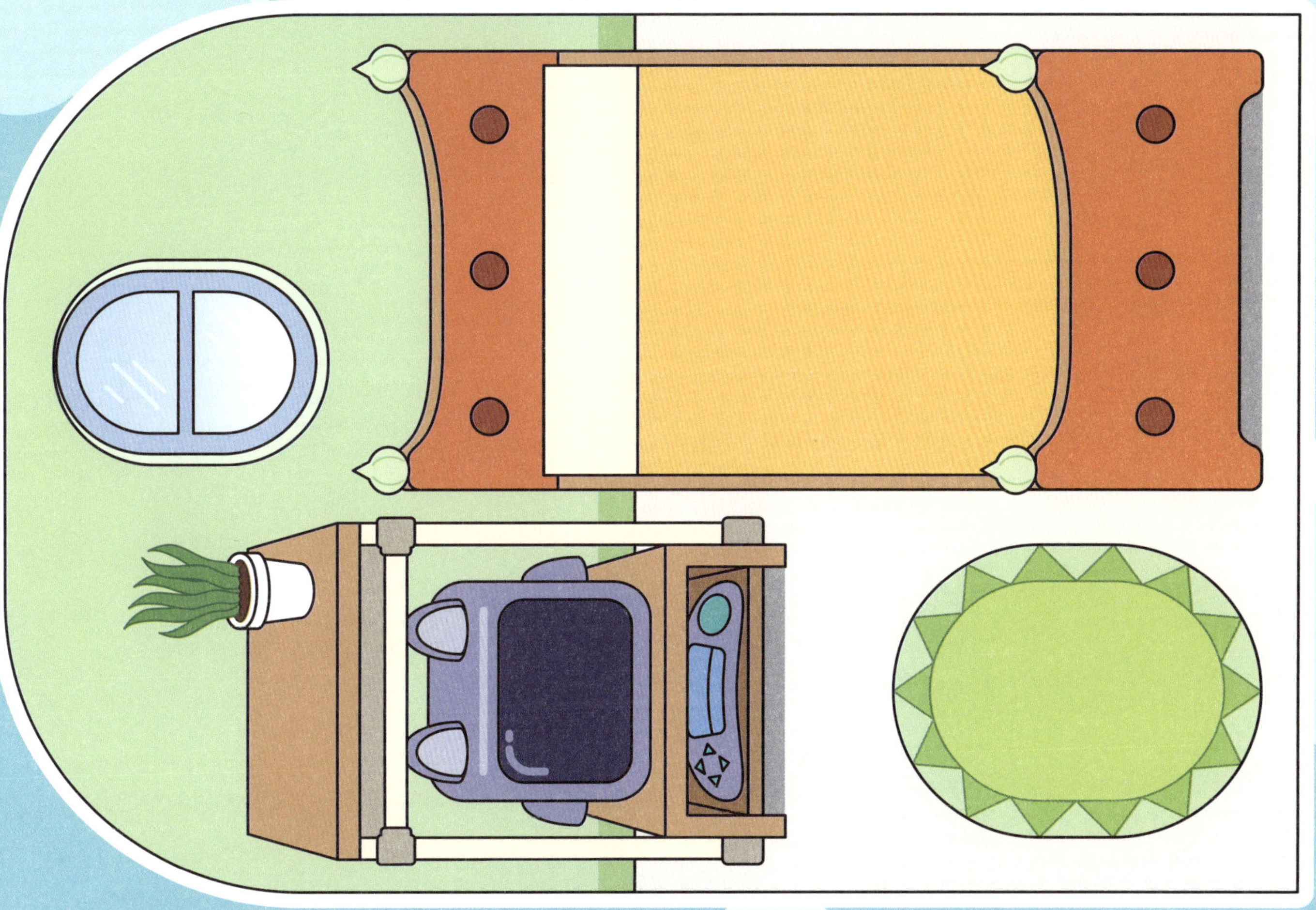

▼ 책 도안 4

집 소품 투명 박스 테이프 / 양면

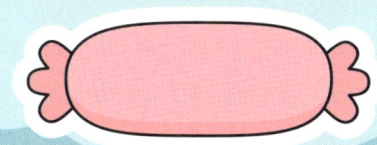

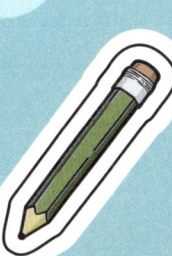

▼ 잠금 도안

▼ 옆면 도안

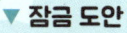

히든 메뉴 스퀴시

만드는 방법

❶ 각 도안 페이지의 지시문에 맞게 도안을 코팅한 뒤, 가위로 오려 주세요.

❷ 히든 메뉴 도안을 <스퀴시 만드는 방법>으로 스퀴시를 만들어 주세요.

❸ 패키지 도안의 점선을 따라 접은 뒤, 같은 색의 별끼리 맞닿게 붙여주세요.

완성! 완성 된 패키지에 히든 메뉴 스퀴시를 넣어 주세요.

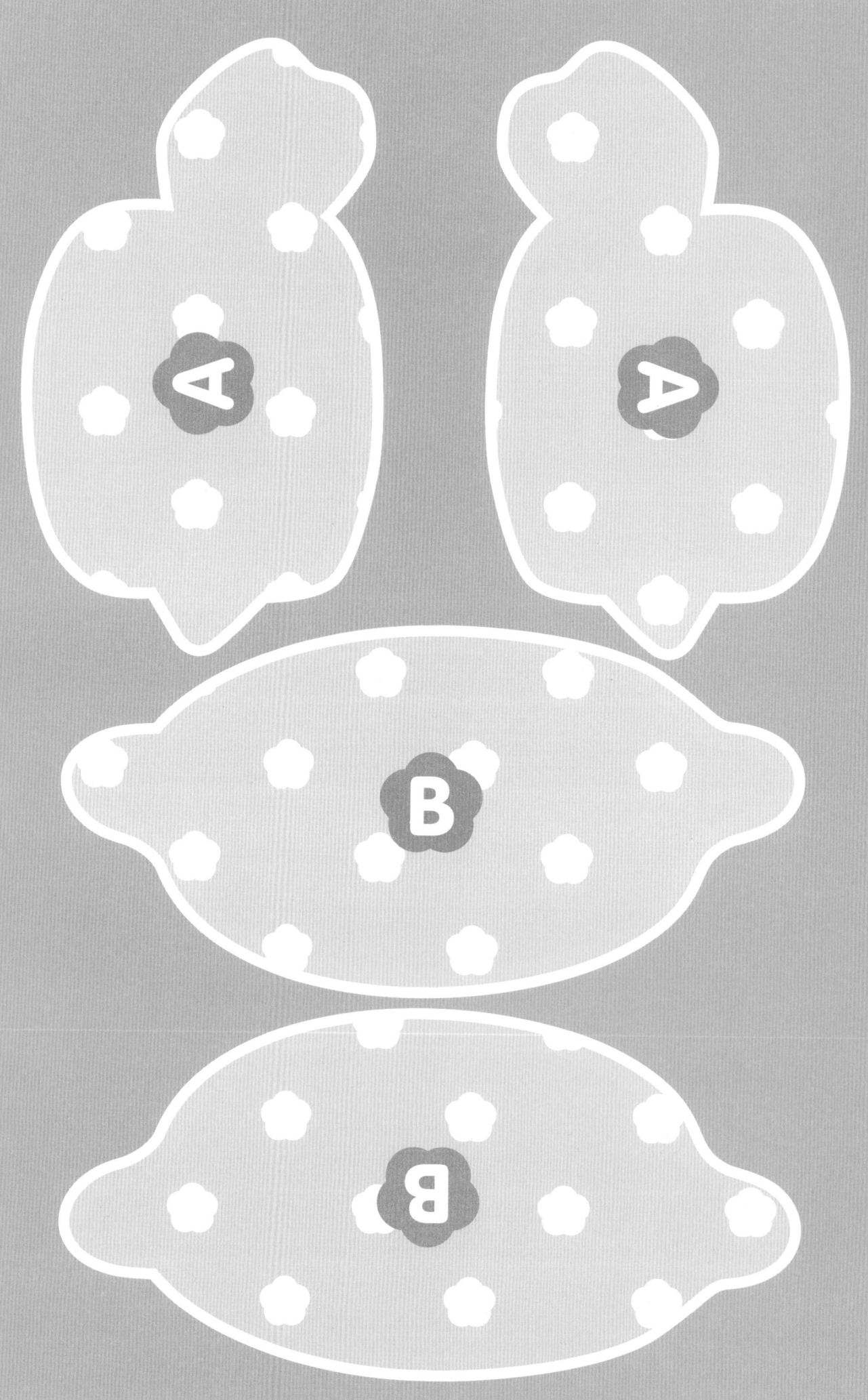

히든 메뉴 패키지 | 코팅 X

마음대로 스튜

무친버거
한 번 잡숴봐용

양파케이크
Gorgeous해

녹즙
100%

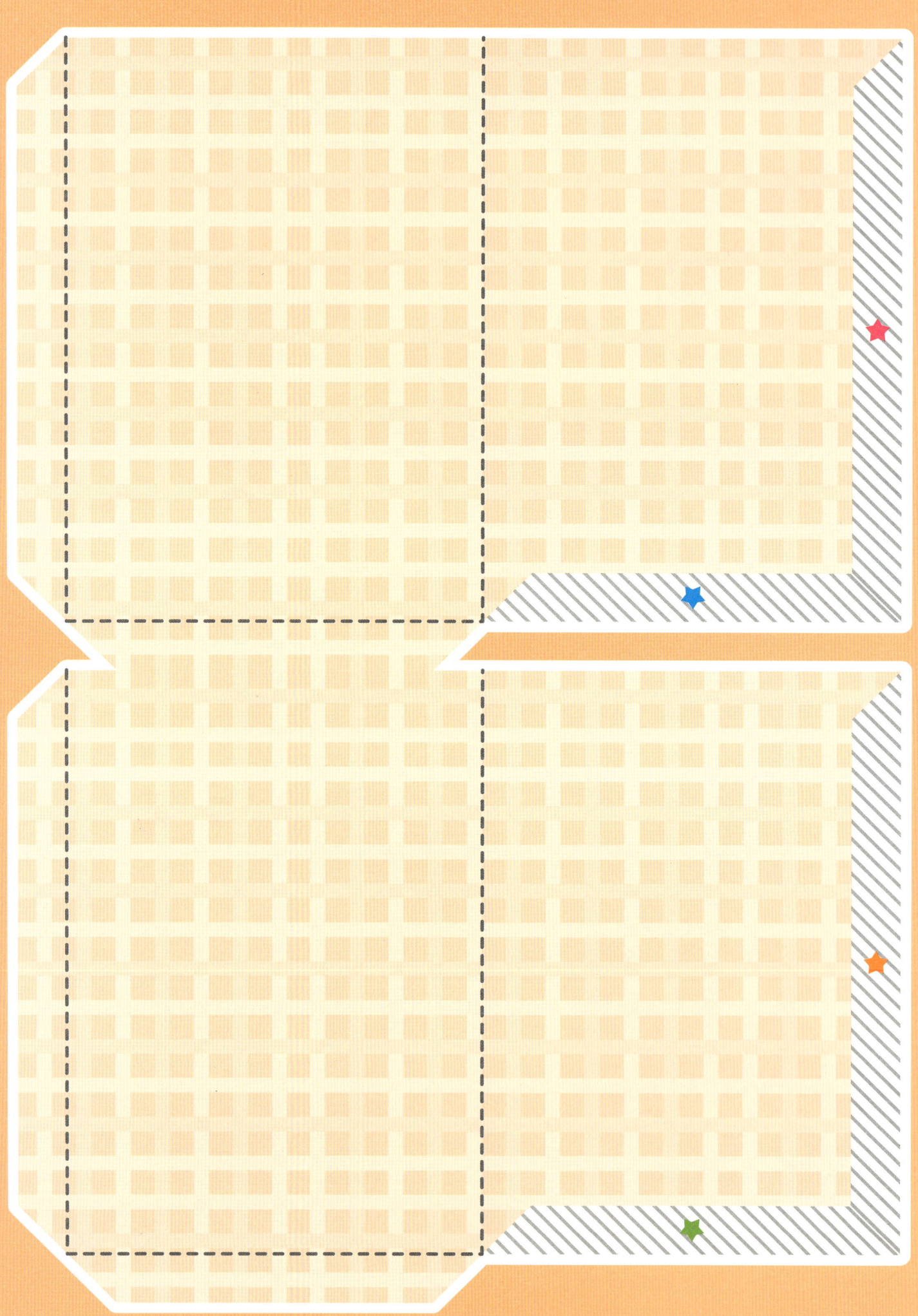

2025년 3월 10일 초판 1쇄 인쇄
2025년 3월 20일 초판 1쇄 발행

발행인 | 황민호
콘텐츠3사업본부장 | 석인수
책임편집 | 박은영 **편집·디자인** | Bjudesign
발행처 | 대원씨아이(주) www.dwci.co.k
주소 | 서울시 용산구 한강대로 15길 9-12
전화 편집 | 02)2071-2155 **영업** | 02)2071-2066 **팩스** | 02)794-7771
등록번호 1992년 5월 11일 등록 제 3-563호
ISBN 979-11-423-1397-4 13630

©ky_restaurantz All rights reserved.

※ 잘못된 제품은 구입하신 곳에서 교환해 드립니다.